아빠의 기도

Father's prayer

Kwang-Ho, Woo

Copyright © 2010 by Kwang-Ho, Woo
Published by ST PAULS, Seoul, Korea

ST PAULS
20, Ohyeon-ro 7-gil, Gangbuk-gu, Seoul, Korea
Tel 02-944-8300, 02-986-1361 Fax 02-986-1365

국립중앙도서관 출판시도서목록(CIP)

아빠의 기도 = Father's prayer / 우광호 지음. — 서울 : 성바오로, 2010 p. ; cm	
ISBN 978-89-8015-738-9 03230	
기도(종교)[祈禱]	
237.2–KDC5 242.6–DDC21	CIP2010001631

Father's prayer
아빠의 기도

우광호 지음

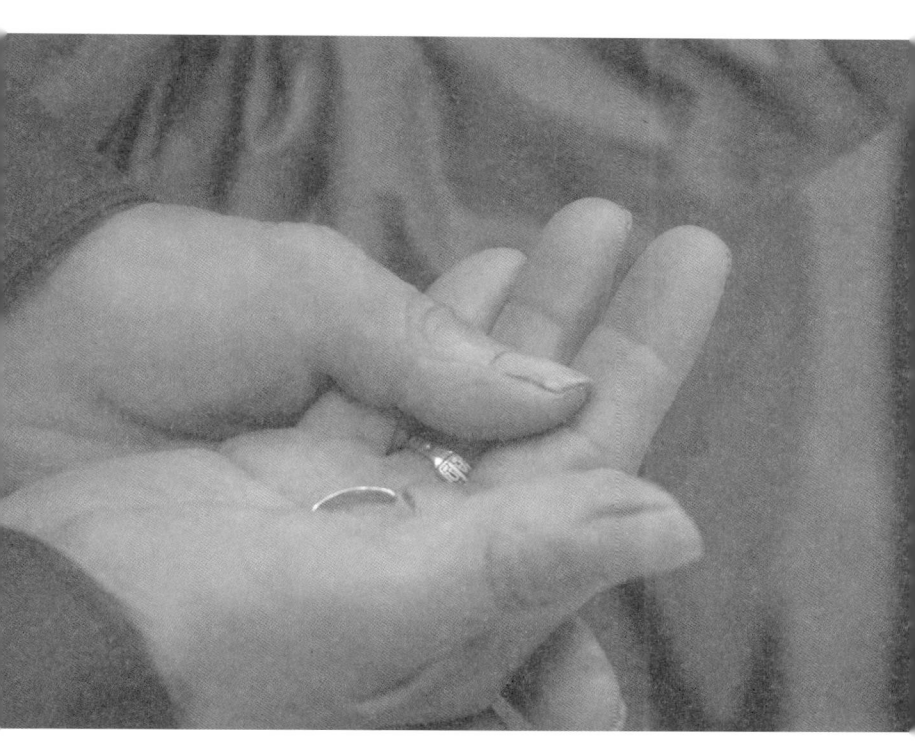

차 례

| 머리말

    09   촛불을 켜며

| 소중한
| 너를
| 위하여

    13   자녀를 위한 기도

    19   좋은 아빠가 되게 하여 주소서

    22   새해를 맞으며

    24   갓 태어난 아들딸(손자 손녀)을 위하여

    28   이제 막 걷기 시작한 아들딸(손자 손녀)을 위하여

| 깨닫게
| 하소서

    31   눈에 보이지 않는 것을 사랑하게 하소서

    35   기도할 줄 아는 자녀가 되게 하소서

    39   세상을 다르게 보게 하소서

생활 속의 기도		
	45	하루를 시작하며 바치는 기도
	47	삶에 지치고 고통 속에 있는 자녀를 위한 기도
	51	체벌 전(후) 기도
	53	결혼을 앞둔 자녀를 위한 기도
	56	결혼하는 자녀를 위한 기도
	58	사제성소, 수도성소를 꿈꾸는 자녀를 위한 기도
	62	회개를 위한 기도
	65	학업이 힘든 자녀를 위한 기도
	67	원만한 대인관계를 위한 기도

자녀에게 보내는 편지		
	71	넌 소중해!
	77	미안해, 고마워, 사랑해!

촛불을 켜며

　　세상을 살다 보면 뿔나지 않으려 해도 뿔날 일이 수두룩하다. 그런데 요즘 새롭게 다가오는 뿔 때문에 뿔이 난다.

　　딸이 뿔났다! 예쁘고 앙증맞게 솟아난 귀여운 뿔이 아니라 무시무시한 무소의 뿔이다. 딸은 더 이상 폴짝폴짝 뛰어와 품에 쏙 안기던 예전의 딸이 아니다. 어쩌다 포옹 한 번 하려고 하면 엉덩이를 쑤욱 뺀다. 뽀뽀도 예전의 진한 '쪼~옥'이 아니라 그냥 '쪽' 하고 만다. 통통거리며 짜증내는 일이 잦아지더니, 최근 들어서는 동생과 다투는 일도

많아졌다.

어릴 때만 해도 "커서 수녀님 돼라."고 하면 "예." 하던 아이가 이제는 '자기주장'이 생겼다. "평생 아빠하고 살자."라고 하면 손가락까지 걸며 환하게 웃던 아이가 이제는 "난 결혼할 거야." 한다. 시키는 일은 무엇이든 하던 딸이 이젠 "이것을 해라." 하면 "나 지금 바빠요." 한다. 조금만 야단을 쳐도 입이 툭 튀어나온다.

하지만 그 모습마저도 사랑스럽다. 눈에 넣어도 아프지 않을 만큼 진정으로 사랑스럽다. 모든 것을 바쳐, 나의 생명을 바쳐 그 사랑스러움을 지켜 주고 싶다.

몸 바쳐 실천할 수 있는 사랑을 체험하게 해 준 딸에게 감사한다. 모든 것이 은총이다.

어쩌면 딸의 뿔은 뿔이 아닐지도 모른다. 뿔은 나 혼자 났을 수도 있다. '딸이 뿔났다'는 말은 '딸이 나빠졌다'는 말이 아니다. 딸의 뿔도 걱정스럽게 볼 일만은 아닌 듯하다. 딸의 뿔도 이왕 난 뿔, 혼자서 가겠다는 아집으로 가득한 그런 뿔이 아니었으면 좋겠다. 저마다의 뿔 가진 이들과 함께 신앙 공동체 안에서 겸손히 성장하며, 하느님 나라를 준비하는 지혜의 뿔이었으면 좋겠다.

   새벽 1시…. 자녀를 위해 촛불을 켠다.

| 2010년 1월

… 자녀를
　　위한 기도

아름다우신 주님,
세상 만물을 지극한 아름다움으로 창조하신 주님,
당신을 찬미합니다.
저에게 자녀를 보내 주시어
당신의 창조를 이어 가게 하셨으니 감사합니다.

사랑과 희생으로 자녀를 길러
당신 영광을 드러내게 하시고,
절제와 헌신으로 자녀를 길러
당신 섭리를 완성하게 하소서.
직접 이 땅에 오시어
인간의 죄를 안고 고통 받으신 당신처럼,
저도 자녀의 모든 것을 대신해

희생할 수 있도록 은총 주소서.

자녀들이 스스로의 인생을 완성해 갈 수 있도록
든든한 버팀목이 될 수 있도록 하시고
자녀의 행복한 웃음을 지키게 하소서.
늘 마음과 몸이 건강하게 하시며,
가정과 삶에 충실할 수 있게 하소서.
또한 자녀들이 보람 있는 인생을 실현할 수 있도록
제가 나침반이 되게 하시어,
가정의 평화를 위해 늘 땀 흘리며 일하게 하소서.

저희 자녀들에게
고요함의 가치를 알 수 있는 은총 주시고,
촛불 하나에 의지해 가만히 무릎 꿇고
기도하는 행복을 알게 하시며,
시끄러움이 참으로 부질없는 것임을 알게 하소서.
늘 깨끗한 것을 추구하게 하시어,

화려하고 말초적인 것들이
모두 헛되다는 것을 알게 하소서.
빛의 자녀가 되게 하시고,
소금처럼 살라고 하신 그 말씀을 따르게 하시어,
빛의 자녀다운 열매를 맺게 하여 주소서.

주장을 내세우기보다,
다른 사람의 목소리에 귀 기울이는 삶 되게 하소서.
나의 행복을 우선하기보다,
다른 사람의 아픔을 먼저 생각하게 하소서.
경쟁에 뒤처지지 않을 성실함을 주시고,
학업의 성취에서 오는 기쁨을 맛보게 하소서.
경쟁에서 뒤처지더라도
편안할 수 있는 의연함을 주소서.

하느님 나라를 향해 나아가는 길을
가로막는 사건 앞에선

단호하고 강력하게 대처하되,
세상 모든 이를 향한 공정함과 온화함을 잃지 않는
균형을 가지게 하소서.
열 사람의 행복보다
고통 받는 한 사람의 영혼을 위해 땀 흘리게 하시며,
편견에 갇혀 타인들의 삶 속에서 나타나는
다양성을 보지 못하는 일이 없게 하소서.

가식 없는 웃음으로 살게 하시고,
엄격하지 않는 신중함을 터득하게 하시며,
비굴하지 않는 친절함으로 이웃을 대하게 하소서.
대가를 원하지 않는 배려를 실천하게 하시며,
겉치레가 아닌 공정함으로 세상을 이끌게 하시고,
과시하지 않는 의연함으로 동료를 대하게 하소서.
자만하지 않는 정의로움을 드러내게 하시어,
은총 안에서의 꾸준한 영적 진보와 정신적 성숙을
성취하게 하소서.

이 모든 열매를 위해 늘 겸손하게 하소서.

그래서 자녀가 마침내 인생의 여정을 끝마칠 때
불안해하지 않고 편안함 속에서,
살아왔던 소중한 추억을 되돌아보며
당신 품에 안기게 하소서.
살아간다는 것이 얼마나 큰 행복인지 알게 하시고,
그 행복을 평생 동안 간직하다
마침내 당신의 품 안에서 웃으며 삶을 마치게 하소서.

그래서…
훗날 저와 천국에서 다시 만나게 하소서.

우리 주 그리스도를 통하여 비나이다.
아멘.

... 좋은 아빠가 되게 하여 주소서

아버지 하느님,
아버지라는 이름으로 살아갈 수 있도록
불러 주심에 감사하나이다.

늘 마음과 몸과 영혼을 자녀들을 향하게 하시고,
부족함 없는 사랑으로 자녀를 보살피되,
욕심을 사랑으로 포장하지 않게 하소서.
자녀에게 베푸는 것보다 자녀에게서 받는 것이
비록 터무니없이 적더라도
화내거나 서운해하지 않게 하소서.

어른의 눈으로 자녀의 마음을 읽지 않게 하시고,
자녀를 소유물로 여겨 집착하는 일이 없게 하소서.

집착을 사랑이라는 명목으로 포장하지 않게 하시며,
작은 사랑을 큰 사랑으로 과장하지 않게 도우소서.
특히 무관심과 무뚝뚝함을
아빠다움이라는 말로 대신하지 않게 하소서.

강요와 강압으로 자녀의 인생에
간섭하지 않게 하시고,
당신 눈으로 자녀를 보게 하소서.
당신이 저에게 하신 것과 같이
저도 자녀를 독립된 인격체로 존중하게 하소서.
자녀의 상황과 처지, 능력에 대해 이해하고 배려하며,
자녀가 주님으로부터 받은 달란트를
충분히 발휘하며 살아가도록
묵묵히 옆에서 돕게 하소서.

자녀에게
사회적인 명성이나 명예, 성공을 가르치기보다

인생의 깊이와 풍요로움을 가르칠 수 있게 하시고,
자녀 앞에서
부끄럽지 않은 진중한 아빠가 되게 하시며,
자녀가 배우고 싶은 인생을 살도록 도우소서.

그래서…
먼 훗날 '자랑스러운 아버지'라는 기억 속에서
다시 만나게 하소서.
아멘.

... 새해를 맞으며

시작이며 마침이신 아버지 하느님,
늘 새로움으로 다가오시면서,
올해에도 어김없이 새로운 한 해를
열어 보여 주심에 감사하나이다.
세상 만물에 사랑을 담으신 주님 찬미받으소서.

세속적인 많은 어려움을 안고
새로운 한 해를 시작하려 하오니,
더 큰 용기와 힘을 주소서.
올해에도 세상에 무릎 꿇지 않게 하시고,
어려움 속에서도 당신 안에서
희망을 발견하게 하소서.

새해에는 저와 자녀가 나쁜 습관을 버리고
주어진 일을 하느님 안에서
더욱 충실할 수 있도록 하소서.
또한 새해에는 '나만 옳다!'며 귀 막지 않게 하시어,
이웃과 사회와 교회와 소통하며 살아가게 하소서.
특히 물질과 황금에 대한 추구는 필연적으로
불만족이라는 결핍을 느끼게 한다는
진리를 깨닫게 하시어,
물질 중심의 가치관을 걷어 낼 수 있도록 도우소서.

'보이는 것은 잠시뿐이지만
보이지 않는 것은 영원하다'(2코린 4,18)는
진리를 깨닫게 하시고,
구원에 희망을 두고 살아가는 한 해가 되게 하시며,
새로운 각오로
신발 끈을 다시 조일 수 있는 용기를 주소서.
아멘.

... 갓 태어난 아들딸(손자 손녀)을 위하여

생명이신 주님,
소중한 생명을 이 손으로 들어 올려
쳐다볼 수 있도록 하여 주심에 감사합니다.
또한 저희 자녀(손자 손녀)가
온전한 육신으로 세상에 나와
부모의 극진한 사랑을
온몸에 받게 하심에 감사합니다.

늘 사랑으로 충만한 아이가 되게 하시고,
마음의 중심에 늘 하느님의 사랑을 두고 살아가는
곧은 사람이 되게 하시며,
그 사랑을 사람들 사이에서
행하며 살 수 있도록 도와주소서.

소중한
너를
위하여

ⓒ 이봉하

선한 사람 가운데서 선을 실천하며 살아가게 하시고,
약한 사람을 위해 기도하게 하시며,
부드러운 말과 따뜻한 마음으로 어려운 이웃을
돕게 하소서.

맑은 영혼을 간직할 수 있도록 하시고,
늘 부지런한 몸놀림으로 건강을 유지하게 하시며,
늘 탐구하는 마음으로 살아가게 은총 주소서.

좌절과 절망 또한 인생을 풍요롭게 하는
하나의 과정임을 알고,
너그럽게 받아들이게 하소서.
삶을 알차게 채워 나가는 것을
기쁨으로 알고 살 수 있도록 도우소서.

저희 자녀가 어려울 때 늘 함께하시고,
산이 앞을 가로막으면 산을 깎고,

험난한 굽은 길은 곧게 펴 나가며
전진할 수 있는 힘을 주소서.
돌에 걸려 넘어져도 다시 일어날 힘을 주시고,
늘 새롭게 일어날 힘을 주시며,
남이 보지 못한 것을 보며 살아가는 삶 되게 하소서.
아멘.

... 이제 막 걷기 시작한 아들딸(손자 손녀)을 위하여

경이로움으로 다가오시는 주님,

경이로움을 체험할 수 있게 해 주심에 감사하나이다.

아이가 스스로 일어섰습니다. 그리고 걸었습니다.

아이의 모습에서 당신을 봅니다.

맑고 밝습니다.

착하고 총명하고 정의롭게 성장할 것 같습니다.

단순한 소망이 아니라 실제로 그렇게 보입니다.

아이의 지금 씩씩한 모습이

세상의 험난함으로 물들지 않게 도우소서.

세상에서 어려움을 만날 때마다

지금처럼 다시 일어서게 하소서.

아멘.

... 눈에 보이지 않는 것을 사랑하게 하소서

세상 모든 만물 속에서
눈에 보이지 않는 방식으로 섭리하시는 주님,
이 세상 모든 창조물들과 함께 당신을 찬미합니다.

아버지께서는 고단한 이들에게 쉼을 허락하시고
갖가지 은혜로 지켜 주시니,
주님께 애원하는 저희 기도를 들으시어 자녀에게
눈에 보이지 않는 것을
사랑할 수 있는 은총을 주소서.

저희 자녀가 아름다운 옷과 넓은 집과
풍요로운 먹을거리만 추구하지 않도록 하시고,
진정으로 가치 있는 것은

눈에 보이지 않는 것이라는 것을 깨닫게 하소서.
눈에 보이는
돈, 명예, 권력보다 더 중요한 것은,
눈에 보이지 않는
사랑, 진리, 정의, 평화, 헌신, 절제, 희생, 지혜임을
깨닫게 하소서.

눈에 보이지 않는 것을 추구할 때
진정한 행복이 완성됨을 알게 하소서.
아멘.

깨닫게
하소서

... 기도할 줄 아는
자녀가 되게 하소서

저희들에게 직접 기도를 가르쳐 주시는 주님,
기도 안에서 당신과 함께 살아가는 법을
가르쳐 주신 은혜에 감사하나이다.

저와 저희 자녀가 지은 죄를 모두 용서하시고
더욱 큰 은혜를 베풀어 주시어,
나쁜 습관을 버리고
늘 기도로 당신 안에서 머무르게 하소서.

자녀가 기도를 위해
너무 많은 고민을 하지 않게 하시고,
묵묵히 내면을 보면서
당신이 이끄시는 대로 당신 손길 속에서

머무르게 하소서.

기도는 싸워 이겨 내야 할 대상이 아님을
알게 하시어,
지성과 기억과 의지를 내려놓고
편안히 쉼 속에서 머무르며 당신을 찬미하게 하소서.

많은 이들이 자신들의 세속적 관심사에
과도하게 신경 쓰고 있을 때,
그 관심사가 설령 좋은 것이라도
그러한 관심은
당신을 향한 기도에 방해가 된다는 것을
깨닫게 하소서.

기도를 성장시키기 위해,
가장 관심을 기울이는
이 모든 일들에서 거리를 두게 하소서.

심지어 '기도를 위한 과도한 관심'도
기도에 좋지 않은 영향을 미칠 수 있음을
깨닫게 하소서.

저희 자녀가 일생 동안 기도 안에서
편안히 머무를 수 있는 은총을 주소서.
아멘.

... 세상을
다르게 보게 하소서

지혜와 사랑의 주님,
생각과 말과 행동으로 당신을 찬미하게 하소서.

아버지께서는 어리석은 이들에게 지혜를 주시고
갖가지 은혜로 함께하시니 저희 기도를 들으시어,
저희 자녀가 당신의 지혜와 사랑의 숭고함을
깨닫게 하소서.

저희 자녀가
신앙을 가지지 않은 이들과는 다른 눈으로
세상을 볼 수 있도록 도우시고,
이 세상의 참된 지혜는
당신을 아는 것이라는 것을 알게 하소서.

세상 모든 사람이 몸과 정신을 위해 땀 흘릴 때
영혼을 위한 땀이 더 소중하다는 것을 깨닫게 하소서.

죄를 지은 직후 하느님으로부터 벌을 받았다고 해서,
벌의 원인이 반드시 그 죄에 있는 것만은 아님을
깨닫게 하소서.
벌과 벌의 고통은
반드시 징벌의 성격을 띠지 않음을 알게 하시고,
고통의 신비 뒤에 영광의 신비가 있음을
깨닫게 하소서.

어려운 이웃을 도움으로써
은총과 복福을 받는 것이 아니라,
이미 은총을 듬뿍 받았기에
어려운 이웃을 도울 수 있음을 깨닫게 하소서.
선행의 결과로 은총과 복이 오는 것이 아니라,
은총의 결과로 선행을 실천할 수 있음을 알게 하소서.

봉사를 할 때 격려라는 대가를 바라지 않게 하시고,
오히려 봉사할 수 있는 은총에 감사하게 하소서.
'봉사한다'보다 '보속한다'가 적절함을 깨닫게 하시고,
남이 알아주지 않을 때
진정한 보속이 완성됨을 알게 하소서.

비난 그 자체에 매달리지 않게 하시어
이웃에 대한 비난의 내용은 비난당하는 쪽보다
비난하는 쪽을 반영하는 경우가 많다는 사실을
깨닫게 하소서.
돈에 팔릴 가능성을 내포하고 있는 사람이
인간도 돈으로 살 수 있다고 생각한다는 사실을
알게 하소서.

신앙을 가진다는 것 자체가 '비움'을 의미함을
알게 하시고,
아집과 고집에서 벗어나게 하시며,

성령의 도우심을 청하며 꾸준히 정진하게 하소서.
자녀가 훗날 앞만 보고 무리하게 달린다면
강제로 멈춰 세우시고,
잠시 걸음을 멈추고 고개를 좌우로 돌아보게 하소서.

다르게 보게 하소서.
세상의 눈으로 세상을 보지 않고,
당신의 눈으로 세상을 보게 하소서.
아멘.

깨닫게
하소서

... 하루를 시작하며 바치는 기도

아침이라는 소중한 선물을 주신 하느님 아버지,
그 선물을 오늘 또다시 허락해 주심에 감사하나이다.

오늘 하루도 저희 자녀가
마음과 몸의 나쁜 습관을 버리고, 맡은 책임을 다하여
가정과 사회, 교회에 이바지하게 하소서.
또한 주님과 함께 말할 수 있도록 입을 열어 주시고,
주님과 함께 일할 수 있도록 힘이 되어 주시며,
주님과 함께 생각할 수 있도록 마음과 함께하소서.

오늘 하루 말과 행동으로 당신을 증거하게 하시고,
세상의 어두움으로부터 거리를 두게 하시며,
현명함으로 세상의 빛이 되게 하소서.

아직 주님을 모르는 이들에게
주님의 자녀로 이끌 수 있는 은총을 주시고,
해야 할 일을 뒤로 미루지 않게 하시며,
시간을 소중히 사용할 수 있도록 도우소서.

저희 자녀가
매일 아침 떠오르는 태양은
빛을 잃는 법이 없음을 깨닫게 하소서.
만약 떠오르는 태양이 흐려 보인다면,
그 태양을 바라보는 눈이 흐려져 있지는 않은지
반성하게 하소서.

오늘 하루도 저희 자녀를 은총으로 보호하시어
깨끗하고 맑은 영혼으로
편안한 저녁 잠자리에 들 수 있도록 허락하소서.
아멘.

... 삶에 지치고 고통 속에 있는 자녀를 위한 기도

전능하시고 영원하신 하느님 아버지,
아버지께서는 지친 이들에게 힘이 되시니,
주님께 애원하는 저희 기도를 들으시어
저희 자녀의 아픈 상처를 어루만져 주소서.

저희 자녀가 매일의 삶 속에서
다가오는 고통이나 슬픔 속에서
하느님의 뜻을 발견하고자 노력하게 하소서.
고통을 끌어안아 그 속에 담긴 의미를
발견할 수 있게 하소서.
큰 고통이라고 생각했던 것이 사실 돌이켜 보면
참으로 큰 은총이었다는 것을 체험하게 하소서.
고통과 슬픔에 즉각적인 조치를 취하지 않게 하시고,

담담히 당신의 뜻을 먼저 헤아리게 하소서.

지금은 힘들지만 언젠가는
영광이 있을 것이라는 희망을 갖게 하소서.
"수고와 고생, 잦은 밤샘, 굶주림과 목마름, 잦은 결식,
추위와 헐벗음에 시달린"(2코린 11,27)
바오로 사도의 삶을 묵상하게 하소서.
"여우들도 굴이 있고
하늘의 새들도 보금자리가 있지만,
사람의 아들은 머리를 기댈 곳조차 없다."(마태 8,20) 하신
당신 말씀에서 희망을 얻게 하시며,
고통의 신비 뒤에 따르는
영광의 신비를 체험하는 은총을 주소서.

인생이라는 마라톤 대회에서 쓰러지지 않게 하시고,
그래서…
목표점에는 희열의 선물이 기다리고 있음을

체험케 하소서.
저를 비롯한 가족들이 자녀의 고통에 동참하게 하시고,
기도로 늘 함께하게 하소서.
아멘.

... 체벌 전(후) 기도

인자하신 하느님 아버지,
늘 용서와 화해로 저를 보살펴 주시니
감사하나이다.

아버지라는 이유로
때로는 강압적으로
말과 행위의 무력으로
자녀의 고집을 꺾을 때가 많았나이다.

자녀의 가장 빠른 변화를 가져올 수 있는 것은
하느님 아버지의 섭리하심이라는 사실을
깨닫도록 저를 이끄소서.

인간적인 욕심으로 자녀의 마음에
상처를 주지 않았나 반성하시게 하시고,
개인적인 감정에 밀려
자녀의 마음을 아프게 하지 않았나 돌아보게 하소서.
제가 먼저 반성하게 하시고,
늘 저희 마음과 함께하소서.

자녀를 대하는 말과 눈빛과 몸짓에
사랑이 스며들게 하시며,
힘들 때나 괴로울 때나 즐거울 때나 슬플 때나
자녀의 마음을 먼저 읽고
사랑의 마음으로 감싸게 하소서.
아멘.

... 결혼을 앞둔 자녀를 위한 기도

지극히 자비로우신 주 하느님,
주님께서는 세례로 저를 새로 태어나게 하시고
성가정을 통해 거룩한 교회의 신비에
참여하게 해 주셨으니 감사하나이다.

배우자를 만나 성가정을 이뤄야 하는
자녀를 위해 기도합니다.
저희 자녀가 자신을 먼저 비울 수 있게 하시고,
그 결과 만남에 대하여 진정으로 기도해 온 사람과
만날 수 있게 하소서.

만남을 소중하게 여기는 사람을 만나게 하시고,
희생하는 그만큼 똑같이 희생할 줄 아는

배우자를 만날 수 있도록 도와주소서.

또한 호감과 신뢰를 구분할 수 있는 지혜를 주시고,
진정한 가치관을 공유하는 배우자를
만날 수 있도록 하소서.
아멘.

생활
속의
기도

... 결혼하는
자녀를 위한 기도

가정생활을 거룩하게 하신 예수님,
결혼하는 저희 자녀의 가정을 거룩하게 하시고
성가정을 본받아 주님의 뜻에 따라 살게 하소서.

서로에게 마음을 주되 마음으로 묶지 않게 하시고,
때로는 대성당의 기둥이 서로 떨어져
지붕의 무게를 지탱하듯
약간은 거리를 두는 지혜도 가질 수 있게 하소서.

조급하지 않게 서로의 희생 안에서
그리스도의 섭리를 체험케 하시고,
언제나 주님을 섬기고 이웃을 사랑하며 살다가
주님의 은총으로 영원한 천상 가정에 들게 하소서.

이 모든 것을 이루기 위한
자녀 가정의 건강도 허락하소서.
아멘.

... 사제성소, 수도성소를 꿈꾸는 자녀를 위한 기도

영원한 사제이며 착한 목자이신 예수 그리스도님,
주님의 백성을 당신께로 인도하도록
사제들을 불러 주시고,
주님의 백성에게 모범을 보이도록
수도자들을 뽑아 주심에 감사하나이다.

저희 자녀가
당신의 길을 따름에 있어서 늘 함께하시어
고통 속에서도 당신 영광을 깨닫게 하시고,
절망 속에서도 당신 희망을 보게 하소서.

범접하기 힘든 성자聖者가 아닌,
조촐한 작은 성당에서 살아가는

본당 사제의 모습에서
더 큰 부러움의 마음을 일으켜 주시고,
화려하게 이름난 수도자의 모습이 아닌,
아무도 모르는 곳에서 헌신하는
이름 없는 수도자의 모습에서
진정한 성소의 의미를 발견하게 하소서.

젊은 사제의 왕성한 혈기보다는
중년 사제의 넉넉한 '허허' 웃음소리에서
더 심한 영적 갈증을 느끼게 하시고,
분주한 수도자의 모습보다는
할머니 수녀님의 편안한 미소 속에서
당신 신비를 느끼게 하소서.

성소의 길은 한없이 험난하게만 보고,
가정생활은 전적으로 안락하게 보는
오류에서 보호하시고,

자녀가 진리와 신앙을 위해 목숨까지도 바칠 수 있는
열정을 심어 주시어 힘들 때 주저앉지 않게 하시며,
성소(구원)의 밧줄을 뱀으로 착각해
무서워 잡지 않는 잘못을 저지르지 않게 하소서.
아멘.

... 회개를 위한 기도

세상 만물과 저희를 당신께로 초대하시는 주님,
저희 자녀들을 당신 품에 안으소서.

세속이 주는 행복보다 당신을 만나는 행복이
더 크다는 것을 깨닫게 하시고,
세상의 지혜보다 당신을 아는 지혜가
더 크다는 것을 알게 하시며,
진정한 지혜는 세상과 스스로에 대한
무지無智를 자각하고,
당신 앞에 무릎을 꿇음으로써 생긴다는 사실을
알게 도우소서.

자신을 위해 사는 것이 아니라

세상과 이웃, 교회를 위해 살게 하시고,
자신을 위해 살아가면
절망과 눈물만 있다는 사실을 깨닫게 하시어
가정과 사회, 교회에서 공동체를 돌보는
'땀' 향기를 풍기며 살게 하소서.

그리고…
만약 아직도 저희 자녀가 죄 중에 있다면,
영원히 죄에서 벗어나지 못한다면,
제가 대신 보속하게 하소서.
아멘.

… **학업이 힘든 자녀를 위한 기도**

사랑의 주님,
오늘도 학업에 매진하는 저희 자녀를 굽어보시어
어려움을 이겨 내는 굳건한 힘과 용기를 주소서.

저희 자녀에게 책 읽는 기쁨을 주시고,
배움의 원리를 터득하게 하시며,
진리의 탐구에서 오는 행복을 허락하소서.

결과보다는 과정을 소중하게 생각하게 하시고
그 모든 과정과 결과는 당신께 봉헌하게 하시며,
편법과 요행이 아닌
성실함을 자랑으로 여기게 하소서.

만약 경쟁에서 뒤처지더라도
당신의 사랑 안에서
마음 편할 수 있는 의연함을 주시고,
자신의 정체성을 잃지 않고
희망 속에서 세상을 바라보는
밝은 마음을 주소서.
아멘.

... 원만한 대인관계를 위한 기도

평화의 하느님,
세상의 험난한 파도를 넘어야 하는
자녀의 앞길에 함께하소서.

저희 자녀가 독불장군처럼
세상에 홀로 서지 않게 도우시고,
혼자서는 나를 완성해 나갈 수 없음을 알게 하시어
이웃과 자연 그리고 세계와 원만한 관계를 통해
스스로를 완성하도록 하소서.

또한 나의 완성이 나를 위한 것이 아니라
이웃과 사회, 국가, 세계, 자연의 완성에
기여한다는 사실을 깨닫게 하시고,

사회의 부당한 대우와 요구에는 단호히 대처하되,
끝없는 사랑과 기다림으로
이웃을 배려하는 마음도 함께 심어 주소서.

저희 자녀로 인해 상처 받은 사람이 있다면
즉각 사죄하고 기도하게 하시고,
저희 자녀가 다른 사람으로부터 상처를 입었다면
용서와 화해의 성사 안에서
더욱 성숙할 수 있는 은총을 주시어,
진정한 사랑은 이웃과의 관계 속에서
완성됨을 체험하게 하소서.
아멘.

생활
속의
기도

자녀에게
보내는
편지

... 넌 소중해!

　번쩍 안아 올린 너의 작은 모습을 보며, 그 또랑또 랑한 눈망울을 보며 경탄했던 때가 엊그제 같구나. 넌 깨어 있는 모든 시간을 사람 손에 안겨 있으려 했단 다. 특히 아빠 품에서 방실방실 눈 마주치며 웃던 모 습을 잊을 수가 없어. 아빠 몰래 얼른 뒤집기를 하고 는 고개를 꼿꼿이 들고서 쳐다보며 웃곤 했지. 너무나 사랑스러운 표정으로….

　너는 누가 붙잡아 주면 발에 힘을 주고 다리를 쭉 뻗 어 섰고, 손에 잡히는 건 뭐든 입으로 가져갔단다. 두 손을 모아 쥐고 쪽쪽 소리 내어 빨았고, 보행기를 타고 비틀대며 사방으로 밀고 다녔어. 목욕하는 걸 무척 좋아하던 너는 목욕할 때마다 목욕통을 엄청난 힘으로 꽉 잡았지. 눈만 마주치면 누구에게나 웃어 주다가도 낮잠을 자다 깨어 누군가와 눈이 마주치면 소리 내어 울었단다. 무슨 서러운 일이라도 있는 것처럼 정말 서럽게 눈물까지 흘리며 울었어. 그 모습이 아빤 귀여웠단다. 그 사랑스러운 모습 때문에 아빠가 얼마나 행복했는지….

웃고 울다 지치면 아빠의 푹신한 배 위에 누워 곤하게 자곤 했지. 배 위에서 떨어질 것 같으면 이내 아빠 목에 팔을 두르고 그 팔에 힘을 꽉 주는 거야. 살포시 느껴지는 그 힘과 품에 착 안기는 기분이 아빤 무척 상쾌했단다.

진정으로 사랑했기에 아빠는 널 바라볼 때마다 늘 걱정이었어. 엄마가 임신 중에는 건강하게 태어날지, 엄마 배 속에서 불편하지는 않은지 걱정했어. 태어난 다음에는 목을 잘 가눌지, 잘 걸을지, 말은 잘할지 걱

자녀에게
보내는
편지

ⓒ 이봉하

정했고, 학교에 들어간 다음에는 공부는 잘할지, 친구는 잘 사귈지 걱정했지. 커서는 할아버지 할머니는 공경할지, 부모를 존경할지, 이웃을 사랑할지 걱정했고, 늘 사랑으로 충만하게 살아갈지, 마음의 중심에 하느님의 사랑을 두고 살아가는 곧은 사람이 될 수 있을지, 그 사랑을 사람들 사이에서 행하며 살 수 있을지 걱정했단다.

그래서 기도했지. 선한 사람 가운데서 살아가게 해 달라고, 그리고 네가 어려운 이웃에게 부드러운 말과 따뜻한 마음으로 도울 수 있기를 말이야. 늘 부지런한 몸놀림으로 몸을 건강하게 하고, 기도하는 영혼으로 안정된 정서를 유지할 수 있기를, 맑은 영혼을 간직할 수 있기를 소망했어. 좌절과 절망 또한 인생을 풍요롭게 하는 하나의 과정임을 알고 너그럽게 받아들일 수 있기를 바랐단다.

이런 기도와 바람은 네가 아빠에게 가장 소중한 존재이기 때문이야. 만약 네가 아빠의 이런 큰 관심이

불편하다면 약간 멀리 떨어져서 바라볼게. 그리고 기도할게. 아빠는 앞으로도 너와 함께 영원히 마음으로 함께할 거야. 그리고 늘 옆에 있을 거야. 넌 이 세상에서 가장 소중한 존재니까.

미안해, 고마워, 사랑해!

"이렇게 하면 안 돼!" "아빠 말 들어!" "그 행동 고쳐!"

아빠는 그동안 이렇게 명령만 했어. 미안해. 모두 널 위해 그런 것이라고 말했지만 사실은 아빠 마음이 편하기 위해서, 아빠가 만족하기 위해서 그랬던 면도 없지 않아. 미안해.

가정을 위해 열심히 노력한다고 생각했는데 곰곰이 생각해 보니 그동안 아빠 자신을 위해서만 살아온 것 같아. 직장 일이 바쁘다는 것도 어쩌면 모두 핑계일 수 있다는 생각이 들어. 앞으론 노력할게. 술을 줄이고 집에도 일찍 들어오고 좋은 아빠가 되도록 힘쓸게. 아빠는 이렇게 부족한 것투성이인데, 너는 늘 그 자리에서 있어 주었어. 고마워.

너는 누구도 빼앗아 갈 수 없는 맑은 웃음을 지니고 있고, 누구도 따를 수 없는 순수한 마음을 가지고 있어. 그렇게 아름다운 모습으로 늘 아빠 옆에 있어 줘서 고마워. 네가 아빠와 함께 삶을 걸어간다는 것 자체가 아빠에겐 은총이야.

넌 지금까지 한 번도 아빠를 실망시키지 않았어. 아니, 오히려 아빠가 닮고 배워야 할 많은 것을 보여 주었어.

그래서… 고마워.

그리고… 사랑해.

아빠의 기도

지은이 : 우광호
펴낸이 : 서영주
펴낸곳 : 성바오로
주소 : 서울특별시 강북구 오현로7길 20(미아동)
등록 : 7-93호 1992. 10. 6
교회인가 : 2010. 2. 2
초판 발행일 : 2010. 5. 7
1판 7쇄 : 2021. 12. 22
SSP 898

취급처 : 성바오로보급소
전화 : 944--8300, 986--1361
팩스 : 986--1365
통신판매 : 945--2972
E-mail : bookclub@paolo.net
인터넷 서점 : www.paolo.kr
www.facebook.com/stpaulskr

값 6,000원
ISBN 978-89-8015-738-9